AF278558

LETTRE AUX DÉPUTÉS

SUR LA NÉCESSITÉ DE MODIFIER D'URGENCE

PAR UNE LOI SUR LES

ARRANGEMENTS AMIABLES ET LES CONCORDATS

LA LOI SUR

LA REPRISE DES ÉCHÉANCES

PAR J. HETZEL

NOUVELLE ÉDITION, REVUE ET TRÈS-AUGMENTÉE

PARIS

J. HETZEL ET Cie, ÉDITEURS

18, RUE JACOB, 18

1871

La première édition de cette Lettre a paru
dans le *Journal des Débats*.

LETTRE AUX DÉPUTÉS

SUR LA NÉCESSITÉ DE MODIFIER D'URGENCE

par une loi sur les

ARRANGEMENTS AMIABLES ET LES CONCORDATS

LA LOI

SUR LA REPRISE

DES ÉCHÉANCES

I

Le problème à résoudre pour empêcher que la situation résultant des faits et des suites de la guerre ne fût mortelle à l'industrie française, ce n'était pas de lui prêter de l'argent contre nantissement, comme on l'a fait en 1830 ; ce n'était pas de créer des banques ayant pour mission spéciale de venir à son secours, comme en 1848, lesquelles banques se soucient de leur but comme de la lune, aussitôt que, leur fonds social étant constitué, elles se sentent assez fortes pour renier leur origine.

Non ; c'eût été d'appliquer aux souffrances de l'industrie ce qui partout, au moral et au matériel, est le remède à tous les maux : *le remède du temps.* C'eût été de rendre à l'industrie en détresse l'équivalent *du temps* qu'elle a perdu ; et quand je dis l'équivalent, j'entends un laps de temps pouvant avoir une valeur de produit égale à la valeur de celui qu'elle a été forcée de perdre depuis le 15 juillet 1870 jusqu'en mars 1871, et du surplus qu'elle va perdre encore, attendu que rien d'essentiel dans la situation ne pourra changer subitement.

Pendant ces neuf mois acquis à nos désastres, — pour ne pas parler de ceux qui peuvent suivre, — il y a eu interruption complète de vente, incapacité de travail, de production, de récolte, et aggravation du passif nécessité par les dépenses courantes.

Ceci est exact pour toutes les industries françaises, moins cinq ou six.

Moins prévoyant que le gouvernement allemand, qui avait, tout d'abord, prorogé en Allemagne les échéances pour toute la durée de la guerre, le gouvernement de la Défense nationale a cru bien faire, et faire assez, en prorogeant de mois en mois, et comme à regret, les échéances que le commerce ne pouvait payer.

Eh bien, est-ce parce qu'il est malheureusement trop manifeste que l'industrie a été absolument hors d'état de payer, successivement, jusqu'à neuf échéances, l'une après l'autre, qu'il a pu être sensé de soutenir qu'elle allait, rien que parce que le mot *paix* est écrit au journal officiel, pouvoir payer subitement ces neuf échéances arriérées, soit toutes à la fois, soit presque à la fois, comme le veut la loi inhumaine, cruelle et, en tous cas, irréfléchie, qui vient d'être votée par l'Assemblée de Bordeaux ?

Est-ce que la seule proclamation de la paix a rendu

soudainement à l'industrie les recettes des neuf mois qui ont été perdues pour elle, et fermé toutes ses plaies comme se ferment les égratignures des enfants avec de l'arnica ou du taffetas d'Angleterre?

Non, même avec la paix (hélas et nécessairement onéreuse qui pèse sur la France), c'est une étrange illusion que de croire à une reprise rapide des affaires. Le crédit, qui seul pourrait leur rendre la vie, n'est pas près de ressusciter lui-même. Il n'est pas si pressé le crédit, et ce n'est pas la loi actuelle qui lui rendra la santé.

En combien de temps pouvait-on espérer, sans folie, que le commerce pût retrouver, par ses ventes, l'équivalent des recettes sur lesquelles il avait dû compter pour faire face à ses échéances pendant les neuf mois qui viennent de s'écouler?

Évidemment, ce n'était pas en ces neuf mois de saison encore morte ou à demi morte qui vont se succéder à partir de mars.

Les neuf mois qui sont devant nous vont commencer par six mois d'été, qui ne sont en aucun temps, et qui seront cette année moins que jamais, des mois favorables aux affaires; et, après la crise douloureuse que nous venons de traverser, les mois d'hiver qui nous attendent ne sauraient être non plus des mois à comparer à ceux des époques où l'industrie vogue en plein courant.

La France politique, la France-État, va-t-elle pouvoir payer les dettes qui résultent pour elle de la désastreuse campagne que nous venons de subir, sans prendre son temps pour le faire, en un clin d'œil, comme on l'ordonne à l'industrie? Non, sans doute; elle s'efforcera de répartir sur de nombreuses annuités les sommes écrasantes qui sont à sa charge, et on ne pourra que l'approuver. En effet, plus elle aura de temps pour se libérer, plus ses créanciers pourront être assurés que, grâce à sa prudence, il lui sera possible d'opérer le remboursement de leurs créances. Les Prussiens, j'ai honte d'avoir à le faire remarquer, les Prussiens, qui ne sont pas doux, donnent trois ans à la France pour payer les cinq milliards qui sont aujourd'hui notre dette envers eux. Ils ont compris, eux, qu'il fallait donner du *temps,* même à l'ennemi.

Eh bien, j'estime que, de même que le temps seul peut mettre la France en situation, comme État, de payer, sans sombrer, son énorme dette, de même le temps seul, c'est-à-dire une prorogation suffisante des délais qui lui sont nécessaires, *à elle aussi,* pour liquider son arriéré, eût pu permettre à la *France industrielle* (amie de l'État) de payer ses dettes.

Il faut qu'on se pénètre d'une vérité qui ne peut échapper qu'à l'étourderie de notre nation, c'est que le temps est, en effet, le moins empirique, le moins coûteux, le plus moral, et pour tout dire le plus naturel et le plus simple des remèdes.

Ce que la France trouve bon de faire comme État, il ne fallait pas que, par une morgue commerciale mal entendue, elle reculât à le faire comme France industrielle. La loi eût dû donner *trois ans* à notre industrie française pour qu'elle pût opérer par des moyens normaux, sans surexcitation fébrile, une liquidation si nécessaire aux créanciers eux-mêmes.

Nous disons *trois ans* et non neuf mois, car il n'eût pas suffi d'un équivalent matériel, c'est un équivalent moral *qu'il eût fallu* pour guérir la détresse profonde causée à l'industrie par les neuf horribles mois que nous venons de traverser.

Il ne s'agit pas, en effet, de payer ses dettes seulement pour découvrir, après, qu'à bout d'efforts on est ruiné; il est juste qu'une fois sa dette payée, il reste à chaque industriel de quoi continuer ses affaires, c'est-à-dire de quoi ne fermer ni ses ateliers ni ses magasins.

Si, sur l'avis des grands établissements financiers, ou même de quelques chambres de commerce qui, ne connaissant plus le mal, n'y savent pas compatir, on a reculé devant la mesure topique que nous désirions, et si l'on ne s'est pas gardé le moyen de pallier les mauvais effets de la loi de Bordeaux par une loi *de nécessité* sur les arrangements amiables qui pourraient corriger dans la pratique les férocités théoriques de la loi sur la reprise des échéances ou sur les concordats, c'en est fait, chez nous, du commerce français. Il tombera sur la France plus de sinistres commerciaux, plus de faillites en six mois qu'il n'y est tombé de bombes, d'obus ou de boulets dans le même espace de temps.

Les banquiers, les créanciers, les tiers porteurs, s'ils eussent été obligés à la modération par la loi, auraient pu ne rien perdre; livrés à eux-mêmes, à leur passion, maîtres d'user de leur droit jusqu'à l'abus, on peut prédire que leur portefeuille se réduira bientôt à néant. Ils tueront leurs débiteurs sans profit pour eux-mêmes. Une maison n'est jamais bien menée que par son chef naturel, et les ventes après faillite n'ont jamais enrichi que cette catégorie d'industriels qui, comme les oiseaux de proie, vivent de la chair des morts.

Pour ce qui est du travail national, quand il n'aura plus pour s'alimenter que des faillites, il chômera partout pendant de longues années. Que nos législateurs se le disent : il est plus tôt fait de détruire une raison sociale, d'anéantir un atelier que de les fonder; le mouvement de résurrection des affaires sera d'autant plus lent qu'il y aura plus d'anciennes maisons qui de la paralysie auront passé à trépas.

Nous adjurons nos législateurs de reconnaître que ce n'était pas l'heure de faire de l'économie politique classique à l'usage des temps prospères; les temps ne sont pas prospères, ils sont inouïs, ils sont tels que jamais notre pays n'en a vu de pires et n'en reverra de pareils. Leur loi est une loi qui ne tient pas compte de l'état des vrais intéressés, c'est-à-dire de ceux qui sont en même temps intéressants; elle ne peut plaire qu'aux rares établissements qui, par leur poids, sont en situation d'utiliser toutes les crises.

Ce n'est donc pas avec les cataplasmes de la routine des temps *moyens* qu'il convenait de traiter des blessures béantes comme les nôtres.

Il eût fallu que nos législateurs se décidassent à aller droit au but, sans se préoccuper d'autre chose que du salut public. Les bonnes gens qui n'ont jamais été dans les mains d'un créancier peu bienveillant ou peu intelligent (ou qui l'ont oublié) vous diront, avec un sourire mi-parti niais et cruel, qu'il est toujours préférable de laisser les intéressés s'arranger entre eux, qu'il s'établit ainsi nécessairement, entre les intéressés, des compromis, des arrangements amiables, toujours meilleurs que ceux que la loi peut inspirer. On pourrait en tomber d'accord si chacun ne savait qu'il suffit, pour que ces *compromis* entre *créanciers* et *débiteurs* soient rendus impossibles, de la mauvaise volonté, de l'égoïsme mal entendu ou même de la sottise d'un seul créancier.

Il n'y a qu'un avis sur M. X... On rend justice à la probité du chef de la grande maison qu'il a fondée et dirigée avec une évidente intelligence. Ses créanciers sont réunis, l'intérêt de tous est qu'il lui soit donné les délais dont il a besoin pour passer ce moment difficile. Une voix s'élève, suscitée peut-être par un concurrent, celle d'un jaloux, celle d'un envieux, créancier lui aussi. Il ne veut d'aucune espèce d'accommodement, celui-là, si ce n'est de l'accommodement qui mettra par terre la maison de son rival ou qui la lui livrera à vil prix.

Dans combien de cas n'a-t-on pas vu que l'arrangement amiable n'est trop souvent que l'égorgement amiable du faible par le fort?

Veut-on un exemple plus doux?

Il faut trois ans à telle maison pour se libérer. L'arrangement amiable lui accorde : quoi? un an à gros intérêts. « Ce n'est pas assez, dites-vous aux créanciers.

— Nous le savons bien; mais la maison reste ainsi bien plus *dans notre main*; dans un an nous recommencerons, s'il le faut. »

Au bout d'un an, ce délai insuffisant a livré, pieds et poings liés, l'industriel qui l'a accepté, à l'arrangement amiable; il est découragé et s'en va, ruiné, laissant à des créanciers, incapables d'administrer l'affaire dont ils le dépouillent, sa maison *à fermer*.

II

C'est ici le lieu de répondre rapidement à une idée fausse, à un préjugé d'école admis comme article de foi par des économistes qui n'ont jamais touché aux affaires que dans les livres. Pour certaines gens, faisant semblant de confondre l'effet de commerce avec la simple lettre de change à vue, qui n'est qu'un moyen de payement plus commode que le transport des capitaux d'un lieu à un autre, pour ces gens l'effet de commerce n'est qu'un mode de payement. Du moment où vous le créez, vous devez avoir dans votre caisse l'équivalent réalisable en espèces.

Ceci est tout bonnement une sottise à l'usage des gens qui n'ont jamais fait d'affaires, ou qui, dans leur vie, n'ont jamais eu à différer un payement quelconque à qui que ce soit. Le commerçant qui pourrait payer comptant avec escompte, et qui ferait un billet sans avoir besoin des délais d'échéance de ce billet, pour rendre possible sa fabrication et gagner le temps nécessaire à l'écoulement de sa marchandise, ce commerçant-là n'existe que dans les rêves de ceux de nos prétendus économistes français, qui se copient les uns les autres, et qui n'écrivent que quand il fait trop beau.

Car, à ce compte, le commerçant ferait donc des

billets uniquement pour avoir le plaisir d'être en relation avec des banquiers; je n'y vois, autrement, pas de motif.

Non, le billet de commerce n'est pas un billet de banque : il n'est que la représentation du crédit dont a eu besoin le commerçant, soit pour faire lui-même crédit à d'autres, soit pour pouvoir attendre la réalisation des opérations qu'il a entreprises, soit pour aider à des fabrications ou à des achats qui eussent exigé plus de capitaux disponibles qu'il n'en avait.

Donc les commerçants qui ont fait des billets ne sont pas tenus d'en avoir la représentation, monnoyable, dans leur caisse, au moment où ils les ont créés; ils ne sont tenus qu'à avoir pu penser, de bonne foi, que leurs affaires leur permettraient, en se réalisant, d'acquitter lesdits billets, à leurs termes d'échéance. Mais si des éventualités se présentent qui déjouent les calculs les plus sensés, ils ne sont pas plus coupables de n'avoir pas prévu l'imprévu, que les économistes qui, sortis sans parapluie, sur la foi de leur baromètre, ne sont coupables quand l'orage les surprend et les mouille; *et, s'ils ne sont pas coupables, ils ne doivent pas être victimes.* L'État doit s'interposer pour qu'ils n'aient pas à subir le poids de fautes *qui ne sont pas les leurs.* L'État a été, en somme, ici plus coupable qu'eux. En bonne règle, c'est lui qui devrait les indemniser. La bonne règle n'étant pas applicable aux cas d'impossibilité, il faut tout au moins que l'État fasse donner *tout le temps nécessaire* à ceux que ses faux calculs ont mis dans l'embarras. Il faut qu'il ne laisse pas les commerçants

à la merci de leurs exigences réciproques. En un mot,
l'État trouve bon et juste de prendre du temps pour
opérer sa liquidation. Ce qui est bon et juste pour lui
est *a fortiori* bon et juste pour l'industrie, qui n'a
pas tous les moyens dont dispose l'État de lutter
contre la mauvaise fortune.

III

Mais, me répondront nos députés, la loi est faite ;
nous étions à Bordeaux ; il y avait une question per-
sonnelle, pour nous, sur le tapis de la même séance :
celle du choix de la résidence de notre Assemblée.
M. Dufaure, qui est un très-galant et très-savant
homme que vous estimez, semblait pressé de faire
passer cette loi dont nous voyons bien et dont il voit
aujourd'hui que beaucoup vont souffrir ; il avait consulté la Banque de France, le Comptoir d'Escompte,
une Chambre de commerce. Nous avons dû nous en
rapporter à lui, et, en somme, nous avons bien fait,
car l'important de la séance, pour nous, c'est-à-dire
le discours de M. Thiers, sur notre changement de
résidence, s'est trouvé ainsi, grâce à notre vote,
avancé de deux heures et peut-être d'un jour.

Soit. Ce sont là des raisons péremptoires... pour
des Français ; je ne les discute pas. Pour faire cette loi
abominable qui va jeter le deuil dans cent mille familles
industrielles on a consulté de loin certains grands intéressés ; eh bien, écoutez aujourd'hui, et de près, la
foule immense des intéressants, lesquels sont, à vrai
dire, toute cette portion respectable de la bourgeoisie
qui travaille, et qui seule peut être votre force. Per-

dez tous un jour, s'il le faut, à défaire le mal que vous avez fait, trop vite. Un de vos députés vous avait proposé quelque chose de raisonnable; de raisonnable autant qu'un simple palliatif peut l'être; eh bien, ce palliatif, avant huit jours, faites-en une annexe de votre loi, et vous rendrez ainsi un peu moins féroce la loi monstrueuse que je combats. Sans doute, cette loi nous ordonnera encore l'impossible, elle enjoindra encore à l'industrie quelque chose d'aussi absurde que l'ordre qui consisterait à exiger des laboureurs de livrer leurs moissons en sac avant les semailles; mais enfin elle permettra que les commerçants puissent essayer de s'entendre avec leurs créanciers, pour réparer le mal que leur fait votre loi, sans que le mauvais vouloir d'une minorité, ou cruelle, ou inintelligente, puisse rendre arbitrairement l'accord avec la majorité tout à fait impossible. Certes, il eût été plus honorable pour chacun de ne devoir qu'à la loi la garantie de son bon droit; mais enfin, comme il est dur de défaire ce que l'on a fait, vous pourrez revenir à la proposition de M. Ducuing, que M. Dufaure, moins pressé qu'à Bordeaux, jugera, peut-être, sage sous la forme pratique que nous lui donnons.

PROJET DE LOI.

ARTICLE PREMIER. Les suspensions ou cessations de payements survenues depuis le 10 juillet 1870 et qui seront déclarées avant le 1er janvier 1872 seront régies par les dispositions du Code de commerce relatives à la nomination et aux fonctions du juge commissaire, d'un ou de plusieurs syndics, à la suspension des poursuites, à la vérification des créances, à leur admission définitive ou provisionnelle.

Art. 2. La vérification des créances sera poursuivie d'urgence.

Le débiteur conservera provisoirement, sous la surveillance du juge commissaire, l'exploitation de son commerce et de son industrie.

Le tribunal pourra toujours, sur la demande de la majorité des créanciers, le débiteur entendu, arrêter la continuation de l'exploitation.

Art. 3. Dans le mois au plus tard qui suivra la vérification des créances, le débiteur soumettra à l'adhésion de ses créanciers un traité amiable qui devra recevoir, pour sa formation, le concours de la majorité en nombre et en sommes des créances vérifiées et affirmées ou admises par provision.

Les articles 508, 509, 510, 511, 512, 513, 514 et 515 du Code de commerce seront applicables.

Art. 4. L'homologation du traité amiable le rendra obligatoire pour tous les créanciers dans les termes de l'article 516 du Code de commerce.

Les créanciers hypothécaires inscrits ou dispensés d'inscription, les créanciers privilégiés ou nantis d'un gage seront soumis, pour la réalisation de la garantie spéciale qui leur appartient, aux délais consentis par le traité amiable.

Art. 5. S'il n'intervient pas de traité amiable, les créanciers seront, de plein droit, en état d'union.

Les opérations se continueront suivant les articles 509 et suivants du Code de commerce.

Art. 6. Le décret du Gouvernement de la défense nationale du 7 septembre 1870 est abrogé.

Si vous nous refusez cette annexe à votre loi, les honnêtes gens qu'elle ruinera ne demanderont pas à leurs créanciers d'arrangement amiable, ils déposeront leur bilan, comme un suprême sacrifice, sur l'autel de la patrie pour échapper à l'agonie des poursuites, des protêts et de ce qui est pire encore, de ces propositions d'arrangement équivoque que les habiles ne manquent jamais de faire dans un naufrage commercial au commandant du navire en détresse, propositions auxquelles celui-ci ne peut échapper, sous la loi actuelle, qu'en faisant couler son bâtiment.

P. S. — L'auteur de cette lettre a pour M. Dufaure un sentiment de profonde estime et de très-ancienne affection. J'ajoute qu'il lui est extrêmement reconnaissant ainsi qu'à ce prodigieux M. Thiers du courage avec lequel ils entreprennent de réparer les maux que notre pays a soufferts. Il lui en coûterait de parler contre une œuvre qu'ils ont crue bonne, s'il n'était convaincu qu'il rend service au Gouvernement de la République, à l'Assemblée, en même temps qu'à la juste cause qu'il défend en demandant qu'il soit remédié, sans retard, aux défectuosités de la loi dont il s'agit et à ses terribles conséquences.

Il y a certes déjà une part du mal qu'il ne dépend plus de personne de réparer : telle signature a pu être protestée depuis le 13 mars, qui était intacte jusque-là. Mais si la proposition de M. Ducuing ou une autre analogue est reprise dès le début des séances à Versailles, et amendée dans un sens qui rende les arrangements amiables et les concordats, sans faillite, possibles à la majorité des voix et des sommes réunies en faveur du débiteur, le mal sera en grande partie atténué.

Or la proposition de M. Ducuing n'a été, n'a pu être qu'ajournée ; elle sera reprise, M. Dufaure l'a bien laissé comprendre.

C'est une illusion respectable qui avait entraîné le

Gouvernement à proposer et l'Assemblée à voter la loi ordonnant la reprise immédiate des échéances ; le Gouvernement est parti de ce principe, qu'il était inique d'affranchir pendant trois ans les débiteurs des obligations qu'ils ont souscrites, en condamnant à l'inaction leurs créanciers pendant ces trois années, et a jugé que, s'il parvenait à les faire payer immédiatement, leur sort serait infiniment meilleur que si leurs rentrées devaient être ajournées de trois ans.

Le Gouvernement aurait certes eu mille fois raison s'il eût pu donner aux débiteurs, en même temps que ses ordres, les moyens de répondre à l'injonction de sa loi. — Mais si au contraire en leur disant : Payez tout de suite, il les met dans l'impossibilité de payer jamais, s'il les accule évidemment à la faillite, à qui rend-il service ? A personne, car il tue du même coup et le débiteur et le créancier, et se fait à lui-même et au pays un mal sans compensation.

En voulant trop bien faire, le Gouvernement avait pris la pire des combinaisons, dans l'intérêt de toutes les parties.

Et, d'ailleurs, est-il besoin de le dire ? le créancier qui n'est pas débiteur, le débiteur qui n'est pas créancier, c'est l'oiseau rare dans les affaires ; c'est l'infime exception. Ce qui profite à l'un profite à l'autre. Les intérêts d'affaires ne sont adverses qu'entre gens qui n'ont ni le sens pratique ni le sens moral des choses.

J. HETZEL,

Éditeur, 18, rue Jacob.

Paris. — J. Claye, imprimeur, 7, rue Saint-Benoît. — |95|